PROPRIÉTÉ LITTÉRAIRE ET ARTISTIQUE

RELATIONS

DE LA

FRANCE AVEC LES PAYS ÉTRANGERS

CONDITIONS DE PROTECTION

MENTIONS — FORMALITÉS

PAR

Jean LOBEL

DIRECTEUR DU BUREAU DE LA PROPRIÉTÉ LITTÉRAIRE ET ARTISTIQUE
AU CERCLE DE LA LIBRAIRIE

PRIX : 1 franc

PARIS

AU CERCLE DE LA LIBRAIRIE, DE L'IMPRIMERIE
DE LA PAPETERIE, DU COMMERCE DE LA MUSIQUE, DES ESTAMPES, ETC.

117, Boulevard Saint-Germain, 117

31 décembre 1909

CERCLE DE LA LIBRAIRIE

BUREAU DE LA PROPRIÉTÉ LITTÉRAIRE ET ARTISTIQUE

RELATIONS
DE LA
FRANCE AVEC LES PAYS ÉTRANGERS

PROPRIÉTÉ LITTÉRAIRE ET ARTISTIQUE

RELATIONS
DE LA
FRANCE AVEC LES PAYS ÉTRANGERS

CONDITIONS DE PROTECTION

MENTIONS. — FORMALITÉS

PAR

Jean LOBEL

DIRECTEUR DU BUREAU DE LA PROPRIÉTÉ LITTÉRAIRE ET ARTISTIQUE
AU CERCLE DE LA LIBRAIRIE

PRIX : 1 franc

PARIS

AU CERCLE DE LA LIBRAIRIE, DE L'IMPRIMERIE

DE LA PAPETERIE, DU COMMERCE DE LA MUSIQUE, DES ESTAMPES, ETC.

117, Boulevard Saint-Germain, 117

31 décembre 1909

AVIS

En publiant cette plaquette, nous avons voulu simplement répondre d'une façon aussi concise que possible aux questions qui nous sont posées journellement : « Sommes-nous protégés dans tel pays? — Pouvons-nous publier sans autorisation les œuvres de tel auteur étranger, citoyen d'un pays qui ne nous reconnaît aucune protection? — Que faut-il faire pour assurer nos droits à l'étranger? »

Nous espérons avoir répondu à ce but, et nous restons à la disposition des intéressés pour compléter les rapides indications données ici.

Le Directeur du bureau de la propriété littéraire et artistique,
JEAN LOBEL.

NOTA. — *Au moment où nous publions ces lignes, un nouveau texte de la convention de Berne signée à Berlin en novembre 1908 est soumis à la ratification des pays de l'Union. Le texte doit être ratifié avant le 10 juillet, mais jusqu'à présent aucun pays, sauf l'Allemagne, ne l'a fait encore et il n'est pas possible de savoir quand et de quelle façon se feront les ratifications de la nouvelle convention.*

Lorsque la convention de Berne revisée à Berlin aura été ratifiée par les divers pays de l'Union, ce que nous disons aujourd'hui devra être revu, tant au point de vue des formalités qui sont susceptibles d'être supprimées ou maintenues en partie, qu'en ce qui concerne le droit de traduction qui pourra être assimilé au droit de reproduction, suivant qu'usant de l'article 27 du texte de Berlin, les pays unionistes accepteront ou rejetteront la suppression des formalités et l'assimilation du droit de traduction au droit sur l'original.

CHAPITRE PREMIER

RELATIONS

DE LA

FRANCE AVEC LES PAYS ÉTRANGERS

FRANCE ET PAYS DE L'UNION DE BERNE[1]

Pour qu'une œuvre française ou publiée en France soit protégée en *France* et dans les pays de l'Union de Berne (*Allemagne et colonies*, *Belgique*, *Danemark*, *Espagne*, *France et colonies*, *Grande-Bretagne et colonies*, *Haïti*, *Italie*, *Japon*, *Libéria*, *Luxembourg*, *Monaco*, *Norvège*, *Suède*, *Suisse et Tunisie*), il importe et il suffit d'avoir effectué le dépôt prescrit par la loi du 19 juillet 1793 dans les conditions indiquées par la loi du 29 juillet 1881.

1. Quand on a à appliquer la convention de Berne, il convient de s'assurer qu'il n'y a pas, conjointement avec ladite convention d'union, un traité particulier, lequel doit alors se combiner et être appliqué en même temps, en tenant compte des dispositions plus favorables qu'il peut contenir.

Nous appliquons ci-après ce principe.

Durée du droit sur l'original. — Pour avoir la durée du droit, il faut prendre celle accordée dans le pays où la protection est demandée, sans que le délai ainsi obtenu puisse être supérieur à celui imparti par la loi du pays d'origine de l'œuvre (pays de première publication).

Voici le délai pour chaque pays de l'Union de Berne :

Allemagne : trente ans post mortem; photographies, dix ans;
Belgique : cinquante ans post mortem;
Danemark : cinquante ans post mortem;
Espagne : quatre-vingts ans post mortem;
France : cinquante ans post mortem;
Grande-Bretagne : sept ans post mortem sans que le délai puisse être inférieur à quarante-deux ans après la première publication (pour les œuvres littéraires, dramatiques et musicales);
Gravures, estampes, lithographies, vingt-huit ans après première publication; sculpture, quatorze ans après première publication, prolongation de quatorze ans si l'auteur est vivant à l'expiration du premier délai;
Peinture, dessins et photographies, sept ans post mortem;
Haïti : la vie de l'auteur, survivance en faveur de la veuve, vingt ans post mortem s'il y a des enfants, dix ans pour les autres héritiers;
Italie : Edition, quarante ans après première publication, auxquels il faut ajouter quarante ans de domaine public payant. Représentation, quatre-vingts ans après première représentation;
Japon : trente ans post mortem; photographies, dix ans après la prise du cliché;
Libéria : pas de législation;
Luxembourg : cinquante ans post mortem;
Monaco : cinquante ans post mortem;
Norvège : cinquante ans post mortem;
Suède : cinquante ans post mortem, sauf pour la représentation (cinq ans post mortem), photographies cinq ans après première publication;

Suisse : trente ans post mortem (photographies cinq ans après publication).

Droit de traduction. — Il faut que la traduction ait été faite dans les dix ans après la première publication; dans ce cas, le droit d'autoriser la traduction dure aussi longtemps que le droit de reproduction de l'original, dans le cas contraire le droit de traduction tombe dans le domaine public au bout de dix ans.

La *Suède* et aussi la *Norvège* font exception et n'accordent que dix ans de protection au droit de traduction. (Elles n'ont adhéré qu'au texte de 1886.)

Il faut aussi faire une distinction en ce qui concerne les rapports de la *France* avec l'*Allemagne*, la *Belgique*, l'*Espagne* et l'*Italie*, qui en vertu de conventions particulières et de l'application de la clause de la nation la plus favorisée, se reconnaissent réciproquement l'assimilation *du droit de traduction au droit sur l'original.*

Les œuvres d'auteurs étrangers publiées dans les pays étrangers faisant partie de l'Union de Berne (voir ci-dessus) sont protégées en France sur la justification de l'accomplissement des conditions et formalités prescrites par la loi du pays de l'Union où l'œuvre est publiée pour la première fois et ne sont astreintes à aucune autre formalité en France.

France et Allemagne

(*Union de Berne* et convention du 8 avril 1907.)

Une convention particulière ayant été signée entre l'Allemagne et la France, le 8 avril 1907, il convient de la substituer à la convention de Berne en ce qu'elle a de plus favorable; notamment, en ce qui regarde la *traduction*, qui est assimilée à la reproduction de l'original, et la suppression de la mention de réserve du droit d'exécution des œuvres musicales.

Durée de la protection de l'original : trente ans post mortem (*photographies*, dix ans après première publication).

Durée du droit de traduction : la vie de l'auteur et trente ans post mortem.

France et Argentine

(Convention de Montevideo du 11 janvier 1889.
Adhésion de la France le 17 août 1897.)

Les auteurs français peuvent invoquer en Argentine la convention de Montevideo et demander l'application de l'article 2 qui leur assure les droits dont ils jouissent *en France.* (Ils doivent donc justifier de l'accomplissement des formalités exigées par la loi française.)

Les Argentins sont en droit de réclamer en *France* le bénéfice de la même convention et par suite l'application de leur législation nationale.

Durée de protection : cinquante ans post mortem.

Durée du droit de traduction : la vie de l'auteur et cinquante ans post mortem.

France et Autriche-Hongrie

(Convention du 11 décembre 1866.)

Pour qu'une œuvre française soit protégée en Autriche-Hongrie, il faut accomplir les formalités prescrites par la convention du 11 décembre 1866, c'est-à-dire enregistrer l'œuvre, dans les *trois mois* de la première publication, à l'ambassade d'Autriche-Hongrie à Paris. Cet enregistrement est notifié à Vienne au département des affaires étrangères, qui délivre un certificat.

Réciproquement, pour être protégés en France les auteurs austro-hongrois doivent, dans les *trois mois* de la première publication de leurs œuvres en Autriche-Hongrie, les faire enregistrer à l'ambassade de France à Vienne. Cet enregistrement est notifié au ministère des affaires étrangères à Paris, qui le transmet au ministère de l'intérieur, où il est facile de vérifier quelles sont les œuvres austro-hongroises qui ont été enregistrées.

Durée de protection de l'original : avec l'Autriche, trente ans post mortem; avec la Hongrie, cinquante ans post mortem.

Photographies : Autriche, dix ans pour le cliché; épreuves, dix ans après première publication. Hongrie, cinq ans.

Droit de traduction : Obligation d'indiquer la réserve du droit en tête de l'œuvre, nécessité de traduire dans les trois ans en Autriche et en Hongrie (dans ce dernier pays, six mois pour les œuvres dramatiques). Protection de cinq ans après publication.

France et Bolivie

(Convention du 8 septembre 1887.)

Assimilation aux nationaux ; nécessité pour les Français d'effectuer un dépôt de trois exemplaires en Bolivie *avant mise en vente*[1]. — Les Boliviens doivent accomplir en France les formalités prescrites par la loi de 1793.

Durée de la protection : cinquante ans post mortem.

Droit de traduction : Assimilation au droit de reproduction.

France et Costa-Rica

(Convention du 28 août 1896.)

Il faut que les auteurs de l'un des deux pays puissent faire valoir leurs droits dans l'autre, justifier de la propriété dans le pays d'origine ; certificat émanant de l'autorité compétente.

Durée de protection : cinquante ans post mortem.

Droit de traduction : assimilation au droit de publication.

France et Cuba

(Traité du 4 juin 1904 [non encore ratifié par le gouvernement Cubain]. Régime des ordonnances promulguées pendant l'occupation des troupes des États-Unis. Application de la loi espagnole du 10 janvier 1879 [1].)

Les auteurs français doivent déposer trois exem-

1. Voir page 28.

plaires à la section du Gouvernement général du département d'État et de Gouvernement accompagnés de certificats de propriété notariés (dans le délai d'un an à partir de la première publication).

Les Cubains n'ont qu'à effectuer en France le dépôt prescrit par la loi de 1793, en vertu du décret de 1852.

Durée de protection : cinquante ans post mortem.

Droit de traduction : la vie de l'auteur et cinquante ans post mortem.

France et Égypte

Les Français sont protégés en Égypte en vertu de la jurisprudence des tribunaux mixtes basée sur l'équité. Les Égyptiens sont protégés en France par application du décret de 1852.

Durée : cinquante ans post mortem.

France et Équateur

(Convention du 9 mai 1898 et Protocole additionnel. du 1er juillet 1905.)

Les auteurs de l'un des deux pays doivent produire dans l'autre un certificat établissant que leurs œuvres sont protégées dans le pays d'origine.

Durée de protection : cinquante ans post mortem.

Droit de traduction : assimilé au droit de reproduction (convention, art. 5).

France et Espagne

(*Convention de Berne* et convention du 16 juin 1880.)

La convention de 1880 étant en certains points plus favorable que la convention de Berne, il convient de la combiner avec cette dernière et d'en retenir les avantages qu'elle comporte, notamment, *en ce qui concerne le droit de traduction, qui est assimilé au droit sur l'original,* et la non-nécessité d'une mention de réserve du droit d'exécution des œuvres musicales.

Durée de protection : cinquante ans post mortem.

Droit de traduction : la vie de l'auteur et cinquante ans post mortem.

France et Etats-Unis

(Proclamation faite par le président des États-Unis d'Amérique le 1er juillet 1891.)

Pour être protégés aux États-Unis, les auteurs français doivent accomplir les formalités prescrites par la loi américaine du 4 mars 1909 (voir ci-après)[1], c'est-à-dire mentionner sur chaque exemplaire la réserve de leur droit et déposer deux exemplaires à Washington promptement après la première publication.

De leur côté, les auteurs américains doivent effectuer, au ministère de l'intérieur à Paris, le dépôt prévu par la loi de 1793, en s'appuyant sur le décret de 1852 (dépôt de deux ou trois exemplaires suivant le cas).

1. Voir pages 22 et 25.

Durée de la protection : vingt-huit ans après première publication, renouvelable pour une nouvelle période de vingt-huit ans.

Droit de traduction : vingt-huit ans après la première publication, avec faculté de prolongation pour une nouvelle période de vingt-huit ans.

France et Guatémala

(Convention du 21 août 1895.)

Les auteurs français doivent déposer *trois* exemplaires de leurs œuvres à la légation de Guatémala à Paris.

Les auteurs Guatémaliens doivent effectuer leurs dépôts au ministère de l'intérieur en invoquant le décret de 1852.

Durée de la protection : cinquante ans post mortem.

Droit de traduction : Nécessité de la mention de réserve. Assimilation au droit sur l'original.

France et Italie

(*Convention de Berne* et convention du 9 juillet 1884.)

Il convient de retenir la convention particulière du 9 juillet 1884, qui, entre autres avantages, nous accorde, par son article 10, le traitement de la nation la plus favorisée.

Cela permet aux auteurs français de réclamer en Italie les bénéfices accordés aux Allemands par la convention italo-allemande du 9 novembre 1907, convention plus favorable que la convention de Berne, notamment, en ce qui concerne *le droit de traduction, qui est assimilé au droit sur l'original*, et la suppression de la mention de réserve des droits d'exécution.

De leur côté, les Italiens peuvent réclamer en France le traitement plus favorable que nous accordons aux Allemands, en vertu de la convention franco-allemande du 8 avril 1907; ils y ont droit, en vertu du même article 10 de la convention franco-italienne de 1884.

Durée de la protection : œuvres éditées, quarante ans après première publication, et ensuite quarante ans domaine public payant; représentation, quatre-vingts ans après première représentation.

Droit de traduction : assimilation au droit de reproduction.

France et Mexique

(Traité d'amitié, de commerce et de navigation, Mexico, 26 novembre 1886. Traitement de la nation la plus favorisée.)

Pour que les auteurs français soient protégés au Mexique, il leur faut avoir un *mandataire* à Mexico, chargé d'accomplir les formalités. Ce mandataire doit se présenter au ministère de l'instruction publique du Mexique, faire constater qu'il se réserve son droit et déposer deux exemplaires des œuvres reproduites par l'impression, ou un dessin accompagné d'une description s'il s'agit d'une œuvre d'art. (Le dépôt est attributif de propriété.)

Les auteurs mexicains n'ont en France qu'à effectuer les formalités prescrites par la loi de 1793, en invoquant le décret de 1852.

Durée de la protection : cinquante ans post mortem.

Droit de traduction : la vie de l'auteur et cinquante ans après sa mort.

France et Monténégro

(Convention du 11 janvier 1902.)

Pour pouvoir revendiquer la protection au Monténégro, les auteurs français doivent produire un certificat émanant du bureau de l'imprimerie du ministère de l'intérieur légalisé par le consulat général de Monténégro à Paris.

Les Monténégrins doivent produire en France un certificat du ministère de l'instruction publique de leur pays, légalisé par la légation de France à Cettigne.

Durée de protection : cinquante ans post mortem.

France et Paraguay

(Convention de Montevideo.)

Les Français peuvent réclamer l'application de la *loi française* au Paraguay, les Paraguayens peuvent réclamer l'application de leur loi nationale en France et aussi le décret de 1852. C'est la loi du pays d'origine qui est applicable.

Durée de protection : cinquante ans post mortem.

Droit de traduction : la vie de l'auteur et cinquante ans post mortem.

France et Pays-Bas

(Convention de La Haye, 29 mars 1855 — arrangement supplémentaire [Paris, le 27 avril 1860]. — Déclaration au sujet de la garantie des œuvres d'esprit et d'art. La Haye, 19 avril 1864.)

Il suffit, pour les nationaux des deux pays contractants, de justifier de l'accomplissement des formalités du pays d'origine.

Certificat délivré par le ministère de l'intérieur à Paris, pour les Français, certificat du ministère de l'intérieur à La Haye pour les Hollandais.

Durée de protection de l'original : cinquante ans après première publication.

Droit de traduction : pas protégé.

France et Portugal

(Convention du 11 juillet 1866.)

Pour qu'une œuvre française soit protégée en Portugal, il faut accomplir les formalités prescrites par la convention du 11 juillet 1866, c'est-à-dire faire enregistrer l'œuvre à la légation de Portugal à Paris, dans les trois mois de la première publication.

Réciproquement, les Portugais doivent, pour être protégés en France, faire enregistrer leurs œuvres à la légation de France à Lisbonne, dans les trois mois de la première publication.

Durée de la protection : cinquante ans post mortem.

Droit de traduction : Nécessité de faire figurer sur l'original la réserve du droit de traduction. Obligation de faire paraître la traduction dans le délai d'un an, et d'enregistrer ladite traduction comme l'original. *Durée du droit*, cinq ans.

France et Roumanie

(Convention du 28 février 1893. Arrangement du 6 mars 1907. Réciprocité légale, et traité de commerce du 28 février 1893.)

Les Français sont protégés en Roumanie sans qu'ils aient à effectuer aucun enregistrement ou dépôt en Roumanie (jurisprudence).

Au contraire, pour être admis à poursuivre en France les contrefacteurs, les Roumains doivent accomplir les formalités découlant de l'application du décret de 1852, c'est-à-dire effectuer le dépôt de leurs œuvres au ministère de l'intérieur.

Durée de la protection : dix ans post mortem.

Traduction : assimilation à la reproduction de l'original.

France et Salvador

(Convention du 9 juin 1880.)

Les auteurs de l'un des pays contractants doivent justifier dans l'autre, au moyen d'un certificat émanant de l'autorité publique, qu'ils jouissent dans leur propre pays de la protection légale pour les œuvres qui motivent leur intervention.

Durée de protection : la vie de l'auteur.

Droit de traduction : assimilation au droit de publication de l'original (art. 6).

Autres pays

En dehors des pays que nous venons de citer, il n'est pas actuellement possible d'obtenir une protection quelconque pour les auteurs français : la Bulgarie, la Grèce, la Russie, la Serbie et la Turquie, forment en Europe, un groupe jusqu'ici réfractaire à toute protection internationale ; nous ne parlons pas des États de l'Asie, de l'Afrique et de l'Amérique, comme le Brésil, le Chili, la Chine, le Maroc, la Perse, le Vénézuela, etc.

Mais si les *auteurs français ne sont pas protégés dans ces divers États, en revanche, les Brésiliens, les Bulgares, les Chinois, les Grecs, les Marocains, les Persans, les Russes, les Serbes, les Turcs, etc., sont qualifiés pour invoquer le décret de 1852, et être protégés en France sans réciprocité.*

Il leur suffit pour pouvoir réprimer les infractions de leurs droits en France, d'effectuer le dépôt de leurs œuvres avant de commencer l'action judiciaire.

CHAPITRE II

DES MENTIONS DE RÉSERVE
ET DE L'ACCOMPLISSEMENT DES FORMALITÉS DE DÉPOT
ET D'ENREGISTREMENT
DES ŒUVRES FRANÇAISES A L'ÉTRANGER
ET DES ŒUVRES ÉTRANGÈRES EN FRANCE

I. — MENTIONS DE RÉSERVE

a) Par application de la convention de Berne et de conventions particulières

Bien que, dans le texte revisé de la convention de Berne[1], on ait supprimé les mentions, il est nécessaire de continuer à les mettre :

1° Parce que certains États, soit déjà unionistes, soit nouveaux adhérents, peuvent n'accepter que le texte de 1886 ou celui de 1896 ;

2° Parce que ces mentions sont encore exigées dans des conventions particulières.

Il convient donc, jusqu'à nouvel ordre, de mettre sur la page de titre ou au verso :

Sur les livres : *Tous droits de reproduction, de*

1. Non encore ratifié.

traduction et d'adaptation[1] *réservés pour tous pays.*

Pour les œuvres dramatiques: *Tous droits de reproduction, de traduction, d'adaptation et de représentation réservés pour tous pays.*

Pour les œuvres musicales : *Tous droits de reproduction, d'arrangement et d'exécution réservés pour tous pays.*

b) Mention américaine

(obligatoire, absolument nécessaire)

Pour obéir à la loi du 4 mars 1909, il faut, *sur tous les exemplaires* de l'œuvre pour laquelle on veut être protégé aux États-Unis, faire figurer la mention :

Copyright by (le nom de l'auteur ou du propriétaire du droit de reproduction) et le **millésime** (année de première publication).

Le mot copyright peut être remplacé par l'abréviation Copr.

Cette mention doit s'appliquer :

1° S'il s'agit d'un *livre*, sur la feuille de titre ou au verso de cette page ;

2° S'il s'agit d'un *article*, d'une *nouvelle*, d'un *roman paraissant dans un périodique*, au bas de la première page de texte ;

3° S'il s'agit d'une *œuvre musicale*, sur le titre ou au bas de la première page de musique ;

1. Nous estimons même que, en ce temps de phonographe, il serait bon de mettre sur les livres la réserve de « l'exécution ». Il faut prévoir des lectures ou récitations publiques phonographiques.

4° S'il s'agit de cartes, d'œuvres d'art, modèles ou esquisses pour les œuvres d'art, de reproduction d'une œuvre d'art, de dessins ou ouvrages plastiques de nature scientifique ou technique, de photographies, d'estampes et d'illustrations figuratives, la mention pourra consister dans la lettre C entourée d'un cercle © et accompagnée des initiales, du monogramme, de la marque ou signature du titulaire du droit d'auteur.

Toutefois, son nom devra figurer sur une partie accessible de ces exemplaires ou en marge ou au verso, sur le support permanent ou piédestal ou sur la matière sur laquelle ils sont montés.

II. — FORMALITÉS

a) Dépôt français

Toute œuvre reproduite en France par un procédé d'impression doit être l'objet d'un dépôt au ministère de l'intérieur à Paris, où à la préfecture, à la sous-préfecture ou à la mairie en province.

Ce dépôt est effectué par les soins de *l'imprimeur*, ainsi que le prescrit la loi de 1881, au moment de la publication ; il est de :

Deux exemplaires pour les publications littéraires ;

De trois exemplaires pour les œuvres musicales et les œuvres des arts graphiques, gravures, estampes, photographies, etc.

Les œuvres d'art ne sont pas astreintes au dépôt. —

Néanmoins, dans certains cas, notamment à l'occasion de poursuites exercées à l'étranger, certains artistes se sont bien trouvés d'avoir déposé des photographies de leurs œuvres au ministère de l'intérieur à Paris.

Il y a encore deux catégories d'œuvres qui doivent être déposées au ministère de l'intérieur pour permettre de poursuivre en France leurs contrefacteurs :

1° *Les œuvres des auteurs français imprimées à l'étranger.*

Les tribunaux ont jugé qu'un auteur français publié en Belgique devait, pour pouvoir poursuivre en France, produire un certificat de dépôt au ministère de l'intérieur, malgré la convention de Berne, le statut personnel de l'auteur primant les stipulations de la convention.

Dans ce cas, l'auteur déposera au ministère de l'intérieur, en exécution de la loi de 1793, qu'il doit rappeler dans le bulletin accompagnant les exemplaires ; il ne peut, en effet, invoquer la loi de 1881 qui s'applique à l'imprimeur.

2° *Les œuvres des auteurs étrangers publiées dans des pays autres que ceux faisant partie de l'Union de Berne.*

Ce dépôt s'effectue comme celui des Français, mais en invoquant le décret de 1852 qui doit être rappelé dans le bulletin accompagnant les exemplaires.

* * *

Le Cercle de la librairie, par son Bureau de la propriété littéraire et artistique, est à la disposition des intéressés pour leur faciliter l'accomplissement desdites formalités, il suffit de faire tenir les exemplaires avec le nom, l'adresse de l'auteur ou du propriétaire s'il est autre que l'éditeur et le nom de l'imprimeur.

*
* *

b) Enregistrements austro-hongrois et portugais

Les enregistrements, exigés par la convention franco-austro-hongroise du 11 décembre 1866 et la convention franco-portugaise du 11 juillet 1866, doivent être effectués, au plus tard, dans les trois mois qui suivent la première publication en France.

FORMALITÉS

Remettre au bureau de la propriété littéraire et artistique du Cercle de la librairie, un exemplaire de l'œuvre et fournir les indications suivantes : *titre de l'œuvre; nom de l'auteur; nom et domicile de l'imprimeur; format de l'ouvrage; nombre de pages et de volumes; date et lieu de publication; date et lieu du dépôt légal français; numéro du récépissé du dépôt légal.*

A la convenance des intéressés, ceux-ci peuvent simplement communiquer au bureau susdit leurs récépissés du dépôt légal. Ces pièces leur seront retournées aussitôt la demande d'enregistrement établie.

c) Dépôt américain pour l'obtention du *Copyright* aux États-Unis

Le droit de l'auteur ayant été établi par la publication et l'application de la mention : *Copyright by.....*

19... sur *tous les exemplaires*, il devra être promptement (*promptly*) procédé à l'enregistrement, au dépôt d'exemplaires de la meilleure édition à la bibliothèque de Washington.

Chaque demande d'enregistrement devra être accompagnée :

Pour les œuvres littéraires et dramatiques, de deux exemplaires de chaque volume.

Si l'œuvre consiste en un *article* ou une *nouvelle* ou un *roman* destiné à une publication périodique, journal ou magazine, et dont on veut réserver le copyright à part, on devra déposer le ou les numéros contenant ladite œuvre ; c'est le cas des romans et nouvelles dont le droit de reproduction habituellement reste la propriété de l'auteur.

Si, après avoir paru dans un périodique, l'œuvre paraît en volume, il y a lieu d'effectuer un second dépôt.

Si l'œuvre paraît simultanément dans un périodique et en volume, le dépôt en volume suffit.

Pour les œuvres musicales, deux exemplaires de la meilleure édition de chaque *œuvre*.

Pour les peintures, dessins ou œuvres plastiques, la demande de copyright devra être accompagnée d'une photographie ou d'un dessin propre à identifier l'œuvre.

Lorsque l'œuvre aura été reproduite ultérieurement en exemplaires destinés à la vente (reproduction par la gravure, la photographie, etc.), il faudra déposer deux exemplaires de la reproduction.

Pour les gravures, deux exemplaires du meilleur état.

ACCOMPLISSEMENT DES FORMALITÉS

Le Bureau de la propriété littéraire du Cercle de la librairie se charge, comme par le passé, de l'accomplissement des formalités exigées pour l'obtention du copyright.

Grâce à notre correspondant américain, nos requêtes sont faites absolument dans la forme voulue, et depuis 1891, nous avons toujours pu aplanir les difficultés qui ont été parfois soulevées dans l'application des lois de 1891 et de 1905 aussi bien que pour celle de 1909, laquelle, comme ses devancières, a déjà donné lieu à des interprétations diverses.

Pour nous permettre de prendre des copyrights et d'effectuer les enregistrements, il suffit de nous adresser *trois exemplaires* de chaque œuvre (*exemplaires munis de la mention de copyright*), *nous indiquer le prix de l'exemplaire si ce prix n'est pas marqué*).

Si l'on désire que nous nous occupions en même temps *du dépôt au ministère de l'intérieur*, il faut, *avec la déclaration de l'imprimeur*, nous faire tenir deux autres exemplaires quand il s'agit de livres et trois autres exemplaires s'il s'agit de musique ou d'estampes[1].

1. Si l'œuvre est imprimée en province, il ne nous est pas possible d'intervenir, le dépôt devant être effectué à la préfecture, à la sous-préfecture ou à la mairie.

Le Bureau de la propriété littéraire et artistique du Cercle de la librairie se charge aussi, à Paris, *pour le compte des auteurs et ayants droit citoyens des États-Unis ou d'autres pays*, de l'accomplissement des formalités exigées pour leur permettre de défendre leurs droits en France, soit en vertu du décret de 1852, soit en exécution de stipulations de conventions particulières.

***

Autres pays exigeant l'accomplissement de formalités

BOLIVIE

Pour mémoire, voir : Chap. I ; p. 12.

Dépôt de trois exemplaires avant mise en vente : un au ministre de l'instruction publique, un au procureur du district, un à la bibliothèque de la capitale du gouvernement.

CUBA

Pour mémoire, voir : Chap. I ; p. 12.

Dépôt de trois exemplaires au département d'État à Cuba.

GUATÉMALA

Pour mémoire, voir : Chap. I; p. 15.

Dépôt de trois exemplaires à la légation de Guatémala, à Paris.

MEXIQUE

Pour mémoire, voir : Chap. I ; p. 16.

Dépôt de deux exemplaires par mandataire légal à Mexico.

CERCLE DE LA LIBRAIRIE ET DE L'IMPRIMERIE

BUREAU DE LA PROPRIÉTÉ LITTÉRAIRE ET ARTISTIQUE

TARIF DES TAXES

perçues par le Cercle de la librairie pour l'accomplissement des formalités de dépôts et d'enregistrements [1].

Dépôt américain *Les trois exemplaires justificatifs doivent être déposés le jeudi à 4 heures pour le courrier d'Amérique via le Havre.*	Livres, nouvelles et feuilletons, paraissant dans les périodiques. Œuvres musicales, dramatiques, dramatico-musicales. Gravures, œuvres et objets d'art, photographies, etc.

12 francs par enregistrement.

N.-B. — Il y a lieu d'ajouter à ces taxes les frais postaux d'envoi de France et d'Amérique, calculés à raison de 0 fr. 05 par 50 grammes, ainsi que les frais de câbles s'il y a lieu.

Enregistrement à l'ambassade d'Autriche-Hongrie et à la légation de Portugal.	Œuvres littéraires, œuvres musicales, estampes, images, photographies.

0 fr. 50 par enregistrement.

Dépôts effectués au Ministère de l'intérieur à Paris pour le compte d'auteurs ou d'ayants droit étrangers, en exécution du décret de 1852 ou de conventions particulières.

5 francs par enregistrement.

1. L'accomplissement des formalités de dépôts à l'étranger par l'entremise du Bureau de la propriété littéraire et artistique du Cercle de la librairie est fait sous la responsabilité personnelle des intéressés.

Ces opérations seront mentionnées gratuitement et feront l'objet d'un chapitre spécial dans la première partie de la *Bibliographie de la France* : chapitre des enregistrements à l'étranger.

L'opération du dépôt français concernant les œuvres françaises copyrightées pour l'Amérique ou enregistrées par l'Autriche-Hongrie et le Portugal est effectuée gratuitement.

TABLE DES MATIÈRES

CHAPITRE PREMIER

RELATION DE LA FRANCE AVEC LES PAYS ÉTRANGERS

CHAPITRE II

DES MENTIONS DE RÉSERVES ET DE L'ACCOMPLISSEMENT DE FORMALITÉS DE DÉPOT ET D'ENREGISTREMENT

FIN

www.ingramcontent.com/pod-product-compliance
Ingram Content Group UK Ltd.
Pitfield, Milton Keynes, MK11 3LW, UK
UKHW032024260826
14628UKWH00006B/2704